Jack and the Beanstalk

Jacobo y las Habichuelas Magicas

Codeswitch castellano english
Texto bilingüe

Libro 5

Geoff Willis

Copyright © 2023 Geoff Willis

All rights reserved.

No portion of this book, including illustrations, may be reproduced, copied, distributed or adapted in any way, with the exception of certain activities permitted by applicable copyright laws.

Illustrations created by Wafflecaramel, illustrations are the property of Geoff Willis, and subject to copyright.

Reservados todos los derechos

Ninguna parte de este libro, incluidas las ilustraciones, puede reproducirse, copiarse, distribuirse o adaptarse de ninguna manera, con la excepción de ciertas actividades permitidas por las leyes de derechos de autor aplicables.

Ilustraciones creadas por Wafflecaramel, las ilustraciones son propiedad de Geoff Willis y están sujetas a derechos de autor.

Geoff Willis has asserted his right under the Copyright, Designs and Patents Act, 1988, to be identified as the author of this work.

ISBN: 978-1-916738-04-1

Ilustración de portada y frontispicio de Wafflecaramel

ÍNDICE

A Introducción   1

B Jacobo y las Habichuelas Magicas - Castellano   7

C Jack and the Beanstalk – Spanish to English   20

D Notas Finales   55

F Palabras - Ordenado por Sección   66

G Palabras - Orden Alfabético   74

Jack and the Beanstalk

A
Introducción

A.1 Objetivo

Este libro es el quinto de una serie de libros de lectura en inglés.

Estos han sido diseñados para mejorar rápidamente tu capacidad de leer en inglés, y que puedas leer textos básicos sin necesidad de usar un diccionario o un libro de gramática.

Los libros *Codeswitch* están diseñados para ser leídos en orden. Este libro está pensado para quienes han leído y comprendido, al menos en lo esencial, el libro 4, *Beauty and the Beast*.

Aprender un nuevo idioma es difícil por dos razones. En primer lugar, la gramática del nuevo idioma es diferente a la de tu propio idioma. En segundo lugar, porque necesitas aprender muchas palabras nuevas.

Los libros *Codeswitch* facilitan el aprendizaje del inglés al copiar cómo los niños aprenden sus propios idiomas.

La historia de este libro usa gramática inglesa completa desde la primera oración, pero el vocabulario comienza casi completamente en castellano.

Luego, se introducen a la vez unas pocas palabras en inglés, de modo que las nuevas palabras en inglésestas puedan entenderse fácilmente en el contexto de las palabras circundantes que hay en castellano circundantes.

De esta forma, tanto la gramática como el vocabulario del inglés se pueden aprender de manera intuitiva; absorbido por ósmosis. Para introducir las nuevas palabras lentamente, las historias se repiten varias veces. Esto también permite la repetición de palabras que sólo se usan una vez en la historia.

A.2 Antecedentes

He llamado a estos libros *Codeswitch* Castellano *English* por un tipo de lenguaje común que se encuentra entre los hablantes bilingües. En *Codeswitch*, «*code*» se usa para significar «idioma», y «*switch*» significa cambiar repentinamente. Entonces, un lenguaje *Codeswitch* es aquel en el que las personas intercambian rápidamente dos idiomas diferentes.

Este libro comienza como un lenguaje *Codeswitch*. Comienza con gramática inglesa y palabras en castellano, y te permite cambiar lentamente y, con suertesin dolor, del castellano al inglés.

A.3 Estructura

La sección B de este libro es una traducción completa al castellano de *Jack y las habichuelas mágicas*. Puedes leerla primero si no recuerdas la historia. También puedes usar esta versión para comparar la gramática inglesa de la sección C con la gramática del castellano.

Para introducir todas las palabras necesarias en inglés, unas pocas a la vez, la sección C tiene seis versiones mixtas en castellano/inglés. El nivel C.3, que es el último, está escrito en inglés.

Al final del libro he enumerado todo el vocabulario dos veces. Primero, en el orden en que se introducen las palabras, y después, en el orden alfabético de las palabras en inglés.

Las listas de palabras no pretenden ser diccionarios adecuados. Normalmente sólo coloco una traducción simple al castellano. A veces, he intentado capturar palabras con alternativas comunes, especialmente cuando se usa un significado secundario en la historia.

Lo más importante que debes recordar al leer este libro es que todas las historias, desde la primera palabra de la sección C.1, están escritas en gramática inglesa. Esto es cierto y especialmente confuso con el nivel C.1 de este libro, donde muchas de las palabras son en castellano.

A.4 Cómo usar este libro

Cada una de las historias contadas en estos libros se divide en secciones de aproximadamente doscientas palabras cada una.

En cada sección se introduce un promedio de unas cinco palabras nuevas en inglés. El número real de palabras varía, a veces se introducen hasta doce palabras, pero otras veces no se introduce ninguna palabra nueva.

La mejor manera de leer estos libros es mantener la lectura a un nivel cómodo y agradable, repitiendo la lectura.

Entonces, comienza desde el principio y empieza a leer el nivel C.1.01 de este libro. Mientras puedas entender fácilmente la historia, continúa leyendo.

Sigue leyendo hasta que haya demasiadas palabras nuevas y tengas dificultades para comprender lo que sucede en la historia.

Tan pronto como se torne un poco difícil, vuelve a un nivel más fácil.

Jack and the Beanstalk

Te recomiendo retroceder mucho, al menos seis tramos, aunque lo ideal sería retroceder uno o dos niveles. De modo que, si estás a la mitad del nivel C.3 y las cosas se ponen difíciles, regresa al comienzo del nivel C.2 de ese libro.

Si te resulta difícil leer este libro y estás tratando de solucionar las cosas, entonces ya no estás aprendiendo inglés como lo hace un niño.

En este punto, es mejor volver a un lugar del libro donde la lectura sea muy fácil y seguir adelante. Cada vez que hagas esto, verás que avanzas más antes de que el libro se vuelva difícil nuevamente.

A.5 Palabras confusas

A.5.1 Palabras confusas

Las palabras de la tabla A.5.1 a continuación tienen la misma ortografía en castellano y en inglés, pero tienen significados diferentes.

En este libro sólo se usan las versiones en inglés, nunca se usan las del castellano.

Tabla A.5.1			
Palabra en los libros	Pronunciación inglesa	En las historias, significa	En las historias, nunca significa
a	a /ə/	un, uno, una	en una dirección
alas	alás /əlás/	¡ay! ¡caramba!	extremidad de un pájaro
come	cum /kəm/	venga, viene	consumir comida
has	has (con «h» no silente)	tiene / ha	segunda persona presente de hacer
he	hii (con «h» no silente)	él	primera persona presente de hacer
once	hü-uns (con «h» silente)	una vez	11
pan	pan	sartén	un bocadillo
use	ius	presente de usar	subjuntivo de usar
vine	vain	vid, planta trepadora, planta enredadera	pretérito perfecto de venir

Jack and the Beanstalk

A.5.2 Palabras con apóstrofos

Las palabras en inglés a veces tienen apóstrofos.

En ocasiones, esto se debe a que una palabra o palabras se han contraído o acortado, y otras a que son palabras marcadas como posesivos.

Todos los ejemplos del uso del apóstrofo introducido en este libro se muestran en la tabla A.5.2 a continuación:

Tabla A.5.2		
Contracción	**Forma completa**	**Significado en este libro**
Buttercup's	posesivo 1.E.3	de Ranúnculo
giant's	posesivo 1.E.3	del gigante
he'll	he will	él va a - tiempo futuro 3.E.1
I've	I have	yo he
Jack's	posesivo 1.E.3	de Jack
man's	posesivo 1.E.3	del hombre
that's	that is	esa es
wasn't	was not	no era, no estaba
wouldn't	would not	auxiliar condicional negativo 3.E.3.5.2
you'll	you will	tú vas a - tiempo futuro 3.E.1
you're	you are	tú estás

B

Jacobo y las Habichuelas Mágicas
- Castellano

B.01

Jacobo y su madre vivían solos en una pequeña choza con un jardín enfrente, y no tenían nada más en el mundo que una vaca llamada Ranúnculo.

Un día Ranúnculo se secó; no podía dar una gota de leche.

"Oh cielos" dijo la madre. "Si Ranúnculo no puede darnos leche, no podemos permitirnos quedárnosla. Tendrás que llevarla al mercado, Jacobo, y venderla por lo que puedas conseguir ".

Jacobo lamentó que la vaca tuviera que ser vendida, pero le puso una cuerda alrededor del cuello y partió con ella.

No había ido muy lejos cuando conoció a un anciano de larga barba gris.

"Bueno, Jacobo", dijo el viejecito, "¿a dónde vas a llevar a Ranúnculo esta hermosa mañana?"

Jacobo se sorprendió de que el extraño supiera su nombre y el de la vaca también, pero respondió cortésmente: "La llevaré al mercado para venderla".

"No hay necesidad de que vayas tan lejos", dijo el viejito, "te la compraré por un precio".

"¿Qué precio me vas a dar?" preguntó Jacobo.

B.02

"Oh, te daré un puñado de frijoles para ella", dijo el anciano.

"No, no", Jacobo negó con la cabeza. "Sería una buena ganga para ti; pero no son frijoles, sino buena plata, lo que quiero por mi vaca".

"Pero espera a ver los frijoles", dijo el anciano; y sacó un puñado de ellos de su bolsillo. Cuando Jacobo los vio, sus ojos brillaron, porque nunca antes había visto frijoles como estos. Eran de todos los colores, rojo, verde, azul, violeta y amarillo, y brillaban como si las hubieran pulido. Pero aun así Jacobo negó con la cabeza. Su madre quería piezas de plata, no frijoles.

"Entonces te diré algo más sobre estos frijoles", dijo el hombre. "Esta es una ganga que nunca volverás a encontrar; porque estos son frijoles mágicos. Si los plantas, crecerán hasta el cielo en una sola noche, y puedes subir y mirar a tu alrededor si quieres".

Cuando Jacobo escuchó eso, cambió de opinión, porque pensó que los frijoles como esos valían más que una vaca. Puso la cuerda de Ranúnculo en la mano del anciano, tomó las frijoles, las ató con su pañuelo y se fue corriendo a casa con ellas.

Jack and the Beanstalk

B.03

Su madre se sorprendió al verlo volver del mercado tan pronto.

"Bueno, ¿has vendido a Ranúnculo?" ella preguntó.

Sí, Jacobo la había vendido.

"¿Y qué precio obtuviste por ella?"

Oh, el consiguió un buen precio.

"¿Pero cuanto? ¿Cuánto cuesta? ¿Veinticinco monedas? ¿O veinte? ¿O incluso diez?

Oh, Jacobo lo había hecho mejor que eso. Se la había vendido a un anciano allá en la esquina de la carretera por un puñado de frijoles mágicos; y luego Jacobo rápidamente desató su pañuelo y le mostró los frijoles a su madre.

Pero cuando la viuda se enteró de que había vendido la vaca por frijoles, estaba lista para llorar, estaba tan enojada. No le importaba lo bonitos que fueran, y en cuanto a que fueran frijoles mágicos, sabía que era mejor no creer eso. Le dio a Jacobo tal golpe en los oídos que su cabeza sonó con eso, y lo envió a la cama sin cenar, y tiró los frijoles por la ventana.

A la mañana siguiente, cuando Jacobo se despertó, no sabía qué había sucedido. Toda la habitación estaba oscura, sombreada y verde, y no se veía cielo desde la ventana, solo verdor.

B.04

Se deslizó fuera de su cama y miró hacia afuera, y luego vio que uno de los frijoles mágicos había echado raíces en la noche y había crecido y crecido, hasta que había crecido hasta el cielo. Jacobo se asomó a la ventana y miró hacia arriba, pero no pudo ver la parte superior de la enredadera. El tallo de habas era lo suficientemente

Jack and the Beanstalk

fuerte como para soportarlo, así que se subió a él y comenzó a trepar.

Subió y trepó, hasta que estuvo muy por encima del techo y muy por encima de los árboles. Trepó hasta que apenas pudo ver el jardín de abajo, y los pájaros revoloteaban a su alrededor y el viento mecía el tallo. Subió tan alto que después de un tiempo llegó al país del cielo, y no era azul ni hueco como nos parece aquí abajo. Era una tierra de prados verdes, árboles y arroyos, y Jacobo vio un camino frente a él que conducía directamente a través de los prados hasta un gran castillo gris y alto.

B.05

Jacobo puso los pies en el camino y comenzó a caminar hacia el castillo.

No había ido muy lejos cuando conoció a una hermosa dama. Ella era un hada, aunque Jacobo no lo sabía.

"¿A dónde vas, Jacobo?" ella preguntó.

"Voy al castillo de allí para echarle un vistazo", dijo Jacobo.

"Eso está bien", dijo la dama, "solo que debes tener cuidado con lo que haces allí, porque ese castillo es de un gigante muy feroz, rico y terrible: y te diré algo más: todas las riquezas que ha tenido. pertenecen a tu padre; el gigante se los robó, así que si te llevas algo, será algo justo y correcto ".

Jacobo le dio las gracias por lo que le había dicho y luego prosiguió, poniendo un pie delante del otro.

Después de un rato llegó al castillo y había una mujer barriendo los escalones. Ella era la esposa del gigante.

Cuando vio a Jacobo, pareció asustada. "¿Qué quieres aquí?" ella preguntó. "Lárgate antes de que mi esposo regrese a casa, porque si te encuentra aquí, será peor para ti, te lo puedo decir".

B.06

"Si si lo se"; dijo Jacobo, "pero no he desayunado, y tengo tanto hambre que estoy hecho polvo. Tengo tanta hambre. Solo dame un bocado para que mi estómago deje de rugir y me iré ".

La esposa del gigante no quería hacer eso en absoluto, pero Jacobo suplicó y persuadió hasta que por fin ella lo dejó entrar a la casa y le sacó un poco de pan y queso.

Jacobo apenas había empezado cuando hubo un gran ruido y golpes afuera.

"¡Oh, misericordia!" gritó la esposa del gigante, y se puso bastante pálida.

"Ese es mi esposo entrando, y si te ve aquí, te tragará en un instante y me dará una paliza también".

Cuando Jacobo escuchó eso, no le gustó en absoluto. "Por favor, ¿puedes esconderme en algún lugar?" preguntó.

"Toma, métete en esta olla de cobre", gritó la mujer, quitando la tapa. Ayudó a Jacobo a meterse en la olla y le puso la tapa, y apenas lo había hecho cuando el gigante entró en la habitación.

"¡Fii, fai, fou, fum! ¡Huelo la sangre de un extraño! " rugió. "Esté vivo o muerto, moleré sus huesos para hacer mi pan".

Jack and the Beanstalk

B.07

"¡Qué absurdo!" dijo su esposa. "Si alguien hubiera venido aquí, ¿no crees que lo habría visto? Un cuervo debe haber volado sobre el techo y haber dejado caer un hueso por la chimenea, y eso es lo que puedes oler ".

Cuando ella le dijo esto el gigante le creyó. Se sentó a la mesa y pidió el desayuno. La mujer puso frente a él tres bueyes enteros asados y dos hogazas de pan, cada una del tamaño de un barril, y el gigante se las comió en un instante.

"Ahora, esposa, tráigame mi bolsa de dinero de la sala del tesoro", dijo.

Su esposa salió por una gran puerta tachonada de clavos, y cuando regresó trajo dos bolsas y las dejó sobre la mesa frente al gigante. El gigante desató las cuerdas y las abrió, y estaban llenas de dinero dorado tintineando. El gigante se sentó allí y contó y contó el dinero. Después de que todo estuvo contado, volvió a ponerlo en las bolsas, y luego estiró las piernas frente a él y se fue a dormir y roncó hasta que las vigas temblaron.

B.08

La esposa del gigante trabajó un tiempo y luego se fue a otra habitación. Jacobo esperó hasta estar seguro de que ella se había ido, luego empujó la tapa de la olla a un lado y salió. Se acercó sigilosamente a la mesa, agarró las bolsas de dinero y salió corriendo con ellas, y ni el gigante ni su esposa supieron nada hasta que Jacobo estuvo a salvo en el tallo de frijoles y volvió a casa.

Cuando la madre de Jacobo vio el dinero en las bolsas, se llenó de asombro y alegría. "Esas fueron una vez de tu padre", dijo, "pero se las robaron y no pensé que las volvería a ver".

Después de eso, Jacobo y su madre vivieron bien, tenían mucho para comer y beber, buena ropa para ponerse y todo lo que querían. Y no eran tacaños; también compartieron su buena suerte con sus vecinos.

Después de un tiempo, el dinero casi se había acabado. "Volveré a trepar por el tallo de las frijoles", se dijo Jacobo, "y veré qué más tiene el gigante en su castillo".

B.09

Subió y subió y subió, y después de un tiempo llegó al país de los gigantes, y allí, frente a él, estaba el camino hacia el castillo. Jacobo caminó rápidamente, poniendo un pie delante del otro hasta que llegó a la puerta del castillo. No podía ver a nadie, así que abrió la puerta y entró.

Allí estaba la esposa del gigante fregando las ollas y sartenes, y cuando vio a Jacobo estuvo a punto de dejar caer el cucharón que sostenía.

"¿Tu, aquí de nuevo?"

"Sí, aquí estoy de nuevo", dijo Jacobo.

"Entonces me gustaría que estuvieras en otro lugar", dijo la esposa del gigante; "antes, cuando estuviste aquí, nos robaran nuestras bolsas de dinero, y no puedo evitar pensar que tuviste algo que ver con eso".

"¡Oh, oh! ¿Cómo puedes pensar eso? gritó Jacobo.

"Bueno, de todas formas vete"; y la esposa del gigante habló con bastante tristeza. "No quiero más chicos extraños por aquí".

Sí, Jacobo se iría en un momento, pero ¿no le daría ella un poquito de desayuno primero?

Jack and the Beanstalk

No, la esposa del gigante no lo haría, y eso fue plano.

B.10

Pero Jacobo no iba a ser rechazado tan fácilmente; hablaba, rogaba y discutía, y mientras aún hablaba escucharon al gigante en la puerta.

La esposa del gigante estaba terriblemente asustada, "¡Oh, si te encuentra aquí, recibiré una paliza!" ella lloró.

"Rápido; en la olla de nuevo! "

Jacobo se metió en la olla de cobre y la esposa del gigante le tapó.

Al momento siguiente, el gigante entró en la habitación.

"Fii, fai, fou, fum", gritó, "huelo la sangre de un hombre extraño; ¡Esté vivo o muerto, moleré sus huesos para hacer mi pan! "

"Tonterías", dijo su esposa, "siempre imaginas las cosas. Aquí, siéntese a la mesa y come tu desayuno. Un cuervo voló sobre el techo y dejó caer un hueso al fuego, y eso es lo que hueles ".

El gigante olisqueó un poco a su alrededor y luego, aún murmurando para sí mismo, se sentó a la mesa y comenzó a comer. Una vez que hubo terminado, gritó: "Ahora esposa, tráeme mi gallinita roja de la sala del tesoro".

B.11

Su esposa entró en la sala del tesoro y pronto regresó con una gallinita roja en su delantal. La puso sobre la mesa frente al gigante. El gigante sonrió hasta que mostró todos sus dientes.

"Mi gallinita roja, mi linda gallina roja, pon un huevo", dijo el gigante.

Tan pronto como dijo que la gallina puso un huevo de oro puro.

"¡Mi gallinita roja, mi linda gallina roja, pon un huevo!" dijo el gigante. Luego, la gallinita colorada puso otro huevo.

"Mi gallinita roja, mi linda gallina roja, pon un huevo", dijo el gigante. Luego, la gallina puso un tercer huevo.

"¡Allí!" dijo el gigante, "eso es suficiente por hoy. Ahora esposa, puedes llevarla de regreso a la sala del tesoro de nuevo ".

Su esposa tomó la gallina y la llevó a la sala del tesoro, pero cuando regresó a la cocina, se olvidó de cerrar la puerta de la sala del tesoro detrás de ella.

Entonces el gigante estiró las piernas frente a él y se durmió y roncó hasta que las vigas temblaron.

B.12

Su esposa trabajaba en la cocina, y después de un tiempo, cuando ella no miraba, Jacobo salió de la olla. Se arrastró hasta la puerta de la sala del tesoro y entró, y allí estaba la gallinita roja sentada cómodamente en un nido dorado.

Jacobo la tomó bajo su brazo y ella nunca hizo ningún sonido. Luego se arrastró por la cocina y salió por la puerta, y se fue por la carretera, y la esposa del gigante nunca lo vio en absoluto.

Pero justo cuando Jacobo llegó al tallo de judías, la gallina comenzó a cacarear. Esto despertó al gigante.

"Esposa, esposa", rugió, "alguien está robando mi gallinita roja", y salió corriendo del castillo y miró a su alrededor; pero no podía ver a nadie, porque Jacobo ya estaba a mitad de camino por el tallo de judías.

Después de eso, a Jacobo y a su madre nunca les faltó nada, porque cuando necesitaban dinero él solo tenía que decir: "Mi gallinita roja, mi linda gallina roja, pon un huevo", y la gallina ponía un huevo de oro.

B.13

Aún así, Jacobo no estaba satisfecho. Quería ver qué más había en el castillo del gigante. Entonces, un día, sin decir una palabra a su madre, se subió al tallo de frijoles y corrió por el camino hacia el castillo del gigante. No quería encontrar a la esposa del gigante, porque pensó que tal vez ella había adivinado que era él quien se había llevado la gallina del gigante y las bolsas de dinero. Y así lo había hecho, y lo que es más, también le había contado todo al gigante.

Jacobo se arrastró hasta el castillo con mucho cuidado y no vio a nadie. Abrió un poco la puerta del castillo y se asomó, pero aún así no vio a nadie. La abrió un poco más y luego entró corriendo y cruzó la cocina y se escondió en el gran horno.

Acababa de hacer esto cuando entró la esposa del gigante.

"¡Uf!" ella dijo. "¡Qué rá faga!" y cerró la puerta exterior.

Luego puso el desayuno del gigante en la mesa, sin dejar de hablar consigo misma.

"La puerta debe haberse abierto de par en par", dijo. "Estoy seguro de que lo cerré cuando salí".

B.14

Pronto, el gigante entró en la casa golpeando y pisando fuerte. En el momento en que entró en la habitación, comenzó a gritar:

Jack and the Beanstalk

"¡Fii, fai, fou, fum!

Huelo la sangre de un extraño;

Esté vivo o esté muerto,

Moleré sus huesos para hacer mi pan ".

"¿Qué? ¿Qué?" gritó su esposa, "Encontré la puerta abierta hace un momento. ¿Crees que ese chico ladrón está de nuevo en la casa?

"Si es así, pronto le acabaré", dijo el gigante.

La esposa del gigante corrió hacia la olla de cobre, levantó la tapa y miró dentro, pero no había nadie allí. Entonces ella y el gigante comenzaron a buscar alrededor. Miraron en los armarios y detrás de las puertas, y en todas partes, pero nunca pensaron en mirar en el horno.

"No puede estar aquí después de todo", dijo la esposa, "o lo habríamos encontrado. Debes haber olido algo más ".

Entonces el gigante se sentó y comenzó a desayunar, pero mientras comía murmuró y refunfuñó para sí mismo. Una vez que hubo terminado, dijo:

"Esposa, saca mi arpa de oro para que me cante".

B.15

Su esposa entró en la sala del tesoro y regresó con un arpa de oro. Lo puso sobre la mesa frente al gigante y enseguida comenzó a hacer música, y la música era tan hermosa que derretía el corazón al escucharla. La esposa del gigante se sentó a escuchar también, y luego la música los hizo dormir a ambos. Entonces Jacobo salió sigilosamente del horno, agarró el arpa y salió corriendo con ella.

Jack and the Beanstalk

De inmediato el arpa comenzó a gritar: "¡Amo! ¡Amo! ¡Ayuda! ¡Alguien se está escapando conmigo!"

El gigante se despertó y miró a su alrededor. Cuando descubrió que el arpa se había ido, soltó un rugido como un toro enojado. Corrió hacia la puerta y allí estaba Jacobo a más de la mitad del camino.

"¡Detente! ¡Detente!" gritó el gigante, pero Jacobo no tenía planes de detenerse. Corrió hasta llegar al tallo de frijoles, y luego empezó a descender por él lo más rápido que pudo, todavía con el arpa en la mano.

B.16

El gigante lo siguió y cuando llegó al tallo de frijoles miró hacia abajo, y allí estaba Jacobo, muy, muy por debajo de él. El gigante no estaba acostumbrado a escalar. No sabía si seguirlo o no. Entonces el arpa volvió a llorar,

"¡Ayuda, Señor, ayuda!" El gigante no dudó más. Agarró el tallo de judías y empezó a descender. Para entonces, Jacobo había llegado al suelo.

"¡Rápido! ¡Rápido, madre! gritó. Tráeme un hacha.

Su madre vino corriendo con el hacha. Ella no sabía para qué lo quería, pero podía ver que tenía prisa.

Jacobo agarró el hacha y empezó a cortar el tallo de frijoles. El gigante de arriba sintió temblar el tallo.

"¡Espera! ¡Espera!" gritó: "¡Quiero hablar contigo!"

Pero antes de que pudiera decir algo más, el tallo de frijol fue cortado y cayó con un fuerte estruendo, y el gigante cayó con él, y ese fue su fin.

Jack and the Beanstalk

Pero Jacobo y su madre vivieron en paz y en abundancia para siempre.

C

Jack and the Beanstalk
- Spanish to English

Jack and the Tallo of Frijol

C.1.01

Jack and his mother lived all alone in a little cabaña with a garden in front of it, and they had nothing else in the world but a vaca llamado Buttercup.

One day Buttercup went seca; she couldn't give a drop of leche.

"Oh dear" said the mother. "If Buttercup can't give us leche we can't afford to keep her. You will have to take her off to mercado, Jack, and vender her for what you can get."

Jack was lamentado that the little vaca had to be vendida, but he put a cuerda around her neck and started off with her.

He had not gone far, when he met a little old man with a long grey barba.

"Well, Jack," said the little old man, "where are you taking Buttercup this fine morning?"

Jack and the Beanstalk

Jack was surprised that the stranger knew his nombre, and that of the vaca too, but he answered cortésmente, "I am taking her to mercado to vender her."

"There is no need for you to go so far," said the little old man, "I will buy her from you for a precio."

"What precio will you give me?" asked Jack.

C.1.02

"Oh, I will give you a handful of beans for her," said the old man.

"No, no," Jack agitó his head. "That would be a fine negocio for you; but it is not beans, but good silver dinero, that I want for my vaca."

"But wait till you see the beans," said the old man; and he drew out a handful of them from his bolsillo. When Jack saw them his eyes brillaron, because he had never seen beans like these before. They were of all colores, red, green, blue, púrpura and yellow, and they brillaron as though they had been pulido. But still Jack agitó his head. It was silver pieces his mother wanted, not beans.

"Then I will tell you something else about these beans," said the man. "This is such a negocio as you will never find again; for these are mágico beans. If you plant them, they will crecer right up to the sky, and you can climb up there and look around you if you like."

When Jack heard that he changed his mente. He put Buttercup's cuerda in the old man's hand, and took the beans and tied them up in his pañuelo and ran off home with them.

C.1.03

His mother was surprised to see him back from mercado so soon.

"Well, have you vendido Buttercup?" she asked.

Jack and the Beanstalk

Yes, Jack had vendido her.

"And what precio did you get for her?"

Oh, he got a good precio.

"But how much? How much? Veinte five coins? Or veinte? Or even diez?"

Oh, Jack had done better than that. He had vendido her to an old man on the road for a whole handful of mágico beans; and then Jack quickly untied his pañuelo and mostró the beans to his mother.

But when the widow heard he had vendido the vaca for beans she was ready to cry she was so angry. She did not care how pretty they were, and as to their being mágico beans, she knew better than to believe that. She gave Jack such a golpe on his ears that his head sonó with it, and she sent him up to bed without his supper, and she threw the beans out of the window.

The next morning when Jack awoke, he did not know what had happened. All of the room was tenue, shady and green, and there was no sky to be seen from the window.

C.1.04

He slipped out of his bed and looked out, and then he saw that one of the mágico beans had taken raíz in the night and crecido and crecido, until it had crecido right up to the sky. Jack inclinó out of the window and looked up, but he could not see the top of the plant. The beanstalk was strong enough to bear him, so he stepped out onto it and began to climb.

He climbed and he climbed, until he was high above the roof top, and high above the trees. He climbed till he could apenas see the garden down below, and the birds wheeled around him and the wind balanceaba the beanstalk. He climbed so high that after a while he came to the sky campo, and it was not blue and hueco as

Jack and the Beanstalk

it looks to us down here below. It was a tierra of plano green meadows and trees and arroyos, and Jack saw a road in front of him that led straight across the meadows to a great alto grey castle.

C.1.05

Jack put his feet on the road and began to walk toward the castle.

He had not gone far when he met a beautiful dama. She was a fairy, though Jack did not know it.

"Where are you going, Jack?" she asked.

"I'm going to the castle over there to have a look at it," said Jack.

"That is good," said the dama, "only you must be careful what you do there, because that castle belongs to a very feroz, rich and terrible giant: and I will tell you something else: all the riches he has; used to belong to your father; the giant robó them from him, so if you take anything away with you it will be a right and fair thing to do."

Jack thanked her for what she told him, and then he went on, putting one foot in front of the other.

After a while he came to the castle, and there was a mujer barriendo the steps. She was the giant's wife.

When she saw Jack she looked frightened. "What do you want here?" she cried. "Be off with you before my esposo comes home, for if he finds you here, it will be the peor for you, I can tell you."

C.1.06

"Yes, yes, I know"; said Jack, "but I've had no breakfast, and I'm very hungry. Just give me a bocado to stop my estómago estruendo and I'll be off."

Jack and the Beanstalk

The giant's wife did not want to do that at all, but Jack begged until at last she let him come into the house and got out a bit of bread and queso for him.

Jack had apenas started when there was a great noise and stamping outside.

"Oh, merced!" cried the giant's wife, and she turned quite pale.

"That's my esposo coming in, and if he sees you here he will swallow you down in an instante, and give me a paliza into the trato."

When Jack heard that he did not like it at all. "Please can you hide me somewhere?" he asked.

"Here, get into this cobre pot," cried the mujer, taking off the lid. She helped Jack into the pot and put the lid over him, and she had only just done it when the giant came stamping into the room.

"Fee, fi, fo, fum! I smell the sangre of a stranger man!" he rugió. "Be he alive or be he dead, I'll pulverizar his huesos to make my bread."

C.1.07

"What tonterías!" said his wife. "If anyone had come here don't you think I would have seen him? A cuervo must have volado over the roof and dropped an hueso down the chimney, and that is what you can smell."

When she said that the giant believed her. He sat down at the table and called for breakfast. The mujer set in front of him three whole roasted bueyes and two loaves of bread each as big as a barril, and the giant ate them up in an instante.

"Now, wife, bring me my bag of dinero from the tesoro room," he said.

Jack and the Beanstalk

His wife went out through a great door tachonado with clavos, and when she came back she brought two bags with her and set them on the table in front of the giant. The giant untied the cuerdas and opened them, and they were full of tintineando golden dinero. The giant sat there and contó and contó the dinero. After it was all contado, he put it back in the bags again, and then he stretched his piernas out in front of him and went to sleep and roncó until the vigas agitaron.

C.1.08

The giant's wife worked for a while and then she went into another room. Jack waited until he was sure she had gone, and then he pushed the lid of the pot aside and crept out. He crept over to the table and seized hold of the bags of dinero and ran off with them, and neither the giant ni his wife knew anything about it until Jack was safe down the beanstalk and home again.

When Jack's mother saw the dinero in the bags, she was filled with wonder and joy. "Those were once your father's," she said, "but they were robado from him, and I didn't think I would ever see them again."

After that Jack and his mother lived well, they had plenty to eat and drink, and good clothes to poner, and everything they wanted. And they were not tacaño; they compartieron their good suerte with their neighbours as well.

After a while the dinero was almost gone. "I'll just climb up the beanstalk again," said Jack to himself, "and see what else the giant has in his castle."

Jack and the Beanstalk

C.1.09

He climbed and he climbed and he climbed, and after a while he came to the giant's campo, and there in front of him lay the road to the castle. Jack walked along enérgicamente, putting one foot in front of the other till he came to the castle door. He couldn't see anybody, so he opened the door and stepped inside.

There was the giant's wife fregando the pots and pans, and when she saw Jack she almost dropped the cucharón she was holding.

"You here again?"

"Yes, here I am again," said Jack.

"Then I wish you were some place else," said the giant's wife; "when you were here before, our dinero bags were robado, and I can't help thinking you had something to do with it."

"Oh, oh! How can you think that?" cried Jack.

"Well, be off with you, anyway"; and the giant's wife spoke quite glumly. "I want no more strange muchachos around here."

Yes, Jack would be off in a moment, but wouldn't she give him a bocado of breakfast first?

No, the giant's wife wouldn't, and that was plano.

C.1.10

But Jack was not to be turned away so easily; he talked and begged and discutió, and while he was still talking they heard the giant at the door.

The giant's wife was very scared, "Oh, if he finds you here I will get such a paliza!" she cried.

"Into the pot again!"

Jack and the Beanstalk

Jack crawled into the cobre pot and the giant's wife put the lid over him.

The next moment the giant stamped into the room.

"Fee, fi, fo, fum," he bawled, "I smell the sangre of a stranger man; be he alive or be he dead, I'll pulverizar his huesos to make my bread!"

"Tonterías," said his wife, "Here, sit down at the table and eat your breakfast. A cuervo voló over the roof and dropped an hueso in the fire, and that is what you smell."

The giant olfateó around a bit, and then, still mascullando to himself, he sat down at the table and began to eat. After he had finished, he cried, "Now wife, bring me my little red gallina from the tesoro room."

C.1.11

His wife went into the tesoro room, and soon she came back with a little red gallina in her delantal. She set it on the table in front of the giant. The giant sonreído till he mostró all his teeth.

"My little red gallina, my pretty red gallina, lay," said the giant.

As soon as he said that the gallina laid an egg made of puro gold.

"My little red gallina, my pretty red gallina, lay!" said the giant. Then the little red gallina laid another egg.

"My little red gallina, my pretty red gallina, lay," said the giant. Then the gallina laid a third egg.

"There!" said the giant, "that is enough for to-day. Now, wife, you can take her back to the tesoro room again."

His wife took up the gallina and carried her off to the tesoro room, but when she came back into the cocina, she forgot to shut the tesoro room door behind her.

Jack and the Beanstalk

Then the giant stretched his piernas out in front of him and went to sleep and roncó till the vigas agitaron.

C.1.12

His wife worked away in the cocina, and after a while, when she was not looking, Jack crept out of the pot. He crept over to the door of the tesoro room and slipped through, and there was the little red gallina sitting on a golden nido.

Jack took her up under his arm and she never made a sound. Then he crept back through the cocina and out through the door, and went off down the road, and the giant's wife never saw him at all.

But just as Jack reached the beanstalk the gallina began to graznar. This woke the giant.

"Wife, wife," he rugió, "someone is robando my little red gallina," and he ran out of the castle and looked all around him; but he could see no one, because Jack was ya half-way down the beanstalk.

After that Jack and his mother never had any falta of anything, for whenever they needed dinero he only had to say, "My little red gallina, my pretty red gallina, lay," and the gallina would lay a gold egg.

C.1.13

Still Jack was not satisfied. He wanted to see what else was in the giant's castle. So, one day, without telling his mother, he climbed the beanstalk and hurried along the road to the giant's castle. He did not want to meet the giant's wife, for he thought quizas she had adivinado that it was him who had taken the giant's gallina, and the dinero bags, and so indeed she had, and what was more she had told the giant all about it, too.

Jack and the Beanstalk

Jack crept up to the castle very carefully, and he saw no one. He opened the castle door a crack and espió in, and still he saw no one. He pushed it open a little wider and then he ran in and across the cocina and hid himself in the great horno.

He had only just done this when the giant's wife came in.

"Phew!" she said. "What a corriente!" and she closed the outside door.

Then she set the giant's breakfast on the table, still talking to herself.

"The door must have blown open," said she. "I'm sure I closed it when I went out."

C.1.14

Soon, the giant came punzante and stamping into the house. The moment he entró the room he began to bawl:

"Fee, fi, fo, fum!

I smell the sangre of a stranger man;

Be he alive or be he dead,

I'll pulverizar his huesos to make my bread."

"What? What?" cried his wife, "I found the door open just now. Do you suponer that chico that roba is in the house again?"

"If he is, I'll soon put an end to him," said the giant.

The giant's wife ran to the cobre pot and levantó the lid, and looked inside it, but there was nobody there. Then she and the giant began to look around. They looked in the armarios and behind the doors, and everywhere, but they never thought of looking in the horno.

Jack and the Beanstalk

"He can't be here after all," said the wife, "or we would have found him. It must be something else you smelled."

So the giant sat down and began to eat his breakfast. When he had finished, he said,

"Wife, bring out my golden arpa to cantar for me."

C.1.15

His wife went into the tesoro room and came back carrying a golden arpa. She put it on the table in front of the giant and at once it began to make music, and the music was so beautiful that it melted the heart to hear it. The giant's wife sat down to listen, too, and soon the music put them to sleep. Then Jack crept out of the horno and seized the arpa and ran off with it.

At once the arpa began to gritar, "Master! Master! Help! Someone is running off with me!"

The giant sustó out of sleep and looked around him. When he discovered the arpa was gone he gave a rugido like an angry toro. He ran to the door and there was Jack ya more than halfway down the road.

"Stop! Stop!" cried the giant, but Jack did not stop. He ran until he reached the beanstalk, and then he began climbing down it as fast as he could, still carrying the arpa.

C.1.16

The giant followed and when he came to the beanstalk he looked down, and there was Jack far, far below him. The giant was not used to climbing. He did not know whether to follow or not. Then the arpa cried again,

Jack and the Beanstalk

"Help, master, help!" The giant didn't vacilar any longer. He caught hold of the beanstalk and began to climb down. By this time Jack had reached the ground.

"Mother! mother!" he cried. "Bring me an axe."

His mother came running with the axe. She did not know what he wanted it for, but she could see he was in a hurry.

Jack seized the axe and began to cortar the beanstalk. The giant above felt the stalk tremble.

"Wait! Wait!" he cried, "I want to talk to you!"

But before he could say anything more the beanstalk was cortado through and fell with a poderosa choque, and the giant fell with it, and that was the end of him.

But Jack and his mother lived in peace and plenty forever after.

Jack and the Beanstalk

C.2.01

Jack and his mother lived all alone in a little cabaña with a garden in front of it, and they had nothing else in the world but a cow llamado Buttercup.

One day Buttercup went dry; she couldn't give a drop of leche.

"Oh dear" said the mother. "If Buttercup can't give us leche we can't afford to keep her. You'll have to take her off to mercado, Jack, and vender her for what you can get."

Jack was sorry that the little cow had to be vendida, but he put a cuerda around her neck and started off with her.

He had not gone far, when he met a little old man with a long grey barba.

"Well, Jack," said the little old man, "where are you taking Buttercup this fine morning?"

Jack was surprised that the stranger knew his nombre, and that of the cow too, but he answered politely, "I am taking her to mercado to vender her."

"There is no need for you to go so far," said the little old man, "I will buy her from you for a precio."

"What precio will you give me?" asked Jack.

C.2.02

"Oh, I will give you a handful of beans for her," said the old man.

"No, no," Jack agitó his head. "That would be a fine negocio for you; but it is not beans, but good silver dinero, that I want for my cow."

"But wait till you see the beans," said the old man; and he drew out a handful of them from his bolsillo. When Jack saw them his eyes sparkled, because he had never seen beans like these before. They were of all colores, red, green, blue, púrpura and yellow, and they shone as though they had been polished. But still Jack agitó his head. It was silver pieces his mother wanted, not beans.

"Then I will tell you something else about these beans," said the man. "This is such a negocio as you will never find again; for these are mágico beans. If you plant them, they will crecer right up to the sky in a single night, and you can climb up there and look around you if you like."

When Jack heard that he changed his mind, because he thought beans like that were worth more than a cow. He put Buttercup's cuerda in the old man's hand, and took the beans and tied them up in his handkerchief and ran off home with them.

C.2.03

His mother was surprised to see him back from mercado so soon.

"Well, have you vendido Buttercup?" she asked.

Yes, Jack had vendido her.

"And what precio did you get for her?"

Oh, he got a good precio.

"But how much? How much? Veinte five coins? Or veinte? Or even diez?"

Oh, Jack had done better than that. He had vendido her to an old man down there at the turn of the road for a whole handful of mágico beans; and then Jack quickly untied his handkerchief and mostró the beans to his mother.

But when the widow heard he had vendido the cow for beans she was ready to cry she was so angry. She did not care how pretty they were, and as to their being mágico beans, she knew better than to believe that. She gave Jack such a hit on his ears that his head rang with it, and she sent him up to bed without his supper, and she threw the beans out of the window.

The next morning when Jack awoke, he did not know what had happened. All of the room was dim, shady and green, and there was no sky to be seen from the window - only greenness.

C.2.04

He slipped out of his bed and looked out, and then he saw that one of the mágico beans had taken raíz in the night and crecido and

Jack and the Beanstalk

crecido, until it had crecido right up to the sky. Jack inclinó out of the window and looked up, but he could not see the top of the vine. The beanstalk was strong enough to bear him, so he stepped out onto it and began to climb.

He climbed and he climbed, until he was high above the roof top, and high above the trees. He climbed till he could apenas see the garden down below, and the birds wheeled around him and the wind swayed the beanstalk. He climbed so high that after a while he came to the sky campo, and it was not blue and hollow as it looks to us down here below. It was a land of flat green meadows and trees and streams, and Jack saw a road in front of him that led straight across the meadows to a great tall grey castle.

C.2.05

Jack put his feet on the road and began to walk toward the castle.

He had not gone far when he met a lovely dama. She was a fairy, though Jack did not know it.

"Where are you going, Jack?" she asked.

"I'm going to the castle over there to have a look at it," said Jack.

"That is good," said the dama, "only you must be careful what you do there, because that castle belongs to a very feroz, rich and terrible giant: and I will tell you something else: all the riches he has; used to belong to your father; the giant robó them from him, so if you take anything away with you it will be a right and fair thing to do."

Jack thanked her for what she told him, and then he went on, putting one foot in front of the other.

After a while he came to the castle, and there was a mujer sweeping the steps. She was the giant's wife.

Jack and the Beanstalk

When she saw Jack she looked frightened. "What do you want here?" she cried. "Be off with you before my esposo comes home, for if he finds you here, it will be the worse for you, I can tell you."

C.2.06

"Yes, yes, I know"; said Jack, "but I've had no breakfast, and I'm fit to drop I'm so hungry. Just give me a bocado to stop my stomach rumbling and I'll be off."

The giant's wife did not want to do that at all, but Jack begged and coaxed until at last she let him come into the house and got out a bit of bread and queso for him.

Jack had apenas started when there was a great noise and stamping outside.

"Oh, mercy!" cried the giant's wife, and she turned quite pale.

"That's my esposo coming in, and if he sees you here he'll swallow you down in an instante, and give me a paliza into the trato."

When Jack heard that he did not like it at all. "Please can you hide me somewhere?" he asked.

"Here, get into this cobre pot," cried the mujer, taking off the lid. She helped Jack into the pot and put the lid over him, and she had only just done it when the giant came stamping into the room.

"Fee, fi, fo, fum! I smell the sangre of a stranger man!" he rugió. "Be he alive or be he dead, I'll pulverizar his huesos to make my bread."

C.2.07

"What tonterías!" said his wife. "If anyone had come here don't you think I would have seen him? A cuervo must have flown over the roof and dropped an hueso down the chimney, and that is what you

Jack and the Beanstalk

can smell."

When she said that the giant believed her. He sat down at the table and called for breakfast. The mujer set in front of him three whole roasted oxen and two loaves of bread each as big as a barril, and the giant ate them up in an instante.

"Now, wife, bring me my bag of dinero from the tesoro room," he said.

His wife went out through a great door studded with nails, and when she came back she brought two bags with her and set them on the table in front of the giant. The giant untied the strings and opened them, and they were full of clinking golden dinero. The giant sat there and contó and contó the dinero. After it was all contado, he put it back in the bags again, and then he stretched his piernas out in front of him and went to sleep and roncó until the vigas agitaron.

C.2.08

The giant's wife worked for a while and then she went into another room. Jack waited until he was sure she had gone, and then he pushed the lid of the pot aside and crept out. He crept over to the table and seized hold of the bags of dinero and ran off with them, and neither the giant nor his wife knew anything about it until Jack was safe down the beanstalk and home again.

When Jack's mother saw the dinero in the bags, she was filled with wonder and joy. "Those were once your father's," she said, "but they were robado from him, and I didn't think I would ever see them again."

After that Jack and his mother lived well, they had plenty to eat and drink, and good clothes to wear, and everything they wanted. And they were not stingy; they shared their good luck with their neighbours as well.

Jack and the Beanstalk

After a while the dinero was almost gone. "I'll just climb up the beanstalk again," said Jack to himself, "and see what else the giant has in his castle."

C.2.09

He climbed and he climbed and he climbed, and after a while he came to the giant's campo, and there in front of him lay the road to the castle. Jack walked along briskly, putting one foot in front of the other till he came to the castle door. He couldn't see anybody, so he opened the door and stepped inside.

There was the giant's wife fregando the pots and pans, and when she saw Jack she almost dropped the ladle she was holding.

"You here again?"

"Yes, here I am again," said Jack.

"Then I wish you were some place else," said the giant's wife; "when you were here before, our dinero bags were robado, and I can't help thinking you had something to do with it."

"Oh, oh! How can you think that?" cried Jack.

"Well, be off with you, anyway"; and the giant's wife spoke quite glumly. "I want no more strange lads around here."

Yes, Jack would be off in a moment, but wouldn't she give him a bocado of breakfast first?

No, the giant's wife wouldn't, and that was flat.

C.2.10

But Jack was not to be turned away so easily; he talked and begged and argued, and while he was still talking they heard the giant at

Jack and the Beanstalk

the door.

The giant's wife was terribly scared, "Oh, if he finds you here I will get such a paliza!" she cried.

"Quick; into the pot again!"

Jack crawled into the cobre pot and the giant's wife put the lid over him.

The next moment the giant stamped into the room.

"Fee, fi, fo, fum," he bawled, "I smell the sangre of a stranger man; be he alive or be he dead, I'll pulverizar his huesos to make my bread!"

"Tonterías," said his wife, "you're always fancying things. Here, sit down at the table and eat your breakfast. A cuervo flew over the roof and dropped an hueso in the fire, and that is what you smell."

The giant sniffed around a bit, and then, still muttering to himself, he sat down at the table and began to eat. After he had finished, he cried, "Now wife, bring me my little red gallina from the tesoro room."

C.2.11

His wife went into the tesoro room, and soon she came back with a little red gallina in her delantal. She set it on the table in front of the giant. The giant grinned till he mostró all his teeth.

"My little red gallina, my pretty red gallina, lay," said the giant.

As soon as he said that the gallina laid an egg made of puro gold.

"My little red gallina, my pretty red gallina, lay!" said the giant. Then the little red gallina laid another egg.

"My little red gallina, my pretty red gallina, lay," said the giant. Then the gallina laid a third egg.

Jack and the Beanstalk

"There!" said the giant, "that is enough for to-day. Now, wife, you can take her back to the tesoro room again."

His wife took up the gallina and carried her off to the tesoro room, but when she came back into the cocina, she forgot to shut the tesoro room door behind her.

Then the giant stretched his piernas out in front of him and went to sleep and roncó till the vigas agitaron.

C.2.12

His wife worked away in the cocina, and after a while, when she wasn't looking, Jack crept out of the pot. He crept over to the door of the tesoro room and slipped through, and there was the little red gallina sitting comfortably on a golden nido.

Jack took her up under his arm and she never made a sound. Then he crept back through the cocina and out through the door, and went off down the road, and the giant's wife never saw him at all.

But just as Jack reached the beanstalk the gallina began to cackle. This woke the giant.

"Wife, wife," he rugió, "someone is stealing my little red gallina," and he ran out of the castle and looked all around him; but he could see no one, because Jack was ya half-way down the beanstalk.

After that Jack and his mother never had any lack of anything, for whenever they needed dinero he only had to say, "My little red gallina, my pretty red gallina, lay," and the gallina would lay a gold egg.

Jack and the Beanstalk

C.2.13

Still Jack was not satisfied. He wanted to see what else was in the giant's castle. So, one day, without saying a word to his mother, he climbed the beanstalk and hurried along the road to the giant's castle. He did not want to meet the giant's wife, for he thought maybe she had guessed that it was him who had taken the giant's gallina, and the dinero bags, and so indeed she had, and what was more she had told the giant all about it, too.

Jack crept up to the castle very carefully, and he saw no one. He opened the castle door a crack and peeped in, and still he saw no one. He pushed it open a little wider and then he ran in and across the cocina and hid himself in the great horno.

He had only just done this when the giant's wife came in.

"Phew!" she said. "What a corriente!" and she closed the outside door.

Then she set the giant's breakfast on the table, still talking to herself.

"The door must have blown open," said she. "I'm sure I closed it when I went out."

C.2.14

Soon, the giant came thumping and stamping into the house. The moment he entered the room he began to bawl:

"Fee, fi, fo, fum!

I smell the sangre of a stranger man;

Be he alive or be he dead,

I'll pulverizar his huesos to make my bread."

Jack and the Beanstalk

"What? What?" cried his wife, "I found the door open just now. Do you suppose that thieving boy is in the house again?"

"If he is, I'll soon put an end to him," said the giant.

The giant's wife ran to the cobre pot and levantó the lid, and looked inside it, but there was nobody there. Then she and the giant began to hunt around. They looked in the cupboards and behind the doors, and everywhere, but they never thought of looking in the horno.

"He can't be here after all," said the wife, "or we would have found him. It must be something else you smelled."

So the giant sat down and began to eat his breakfast, but as he ate he mumbled and grumbled to himself. After he had finished, he said,

"Wife, bring out my golden arpa to sing for me."

C.2.15

His wife went into the tesoro room and came back carrying a golden arpa. She put it on the table in front of the giant and at once it began to make music, and the music was so beautiful that it melted the heart to hear it. The giant's wife sat down to listen, too, and presently the music put them both to sleep. Then Jack crept out of the horno and seized the arpa and ran off with it.

At once the arpa began to gritar, "Master! Master! Help! Someone is running off with me!"

The giant sustó out of sleep and looked around him. When he discovered the arpa was gone he gave a rugió like an angry bull. He ran to the door and there was Jack ya more than halfway down the road.

Jack and the Beanstalk

"Stop! Stop!" cried the giant, but Jack had no plans to stop. He ran until he reached the beanstalk, and then he began climbing down it as fast as he could, still carrying the arpa.

C.2.16

The giant followed and when he came to the beanstalk he looked down, and there was Jack far, far below him. The giant was not used to climbing. He did not know whether to follow or not. Then the arpa cried again,

"Help, master, help!" The giant didn't vacilar any longer. He caught hold of the beanstalk and began to climb down. By this time Jack had reached the ground.

"Quick! Quick, mother!" he cried. "Bring me an axe."

His mother came running with the axe. She did not know what he wanted it for, but she could see he was in a hurry.

Jack seized the axe and began to cortar the beanstalk. The giant above felt the stalk tremble.

"Wait! Wait!" he cried, "I want to talk to you!"

But before he could say anything more the beanstalk was cortado through and fell with a poderosa crash, and the giant fell with it, and that was the end of him.

But Jack and his mother lived in peace and plenty forever after.

Jack and the Beanstalk

C.3.01

Jack and his mother lived all alone in a little hut with a garden in front of it, and they had nothing else in the world but a cow named Buttercup.

One day Buttercup went dry; she couldn't give a drop of milk.

"Oh dear" said the mother. "If Buttercup can't give us milk we can't afford to keep her. You'll have to take her off to market, Jack, and sell her for what you can get."

Jack was sorry that the little cow had to be sold, but he put a rope around her neck and started off with her.

He had not gone far, when he met a little old man with a long grey beard.

"Well, Jack," said the little old man, "where are you taking Buttercup this fine morning?"

Jack was surprised that the stranger knew his name, and that of the cow too, but he answered politely, "I am taking her to market to sell her."

"There is no need for you to go so far," said the little old man, "I will buy her from you for a price."

"What price will you give me?" asked Jack.

C.3.02

"Oh, I will give you a handful of beans for her," said the old man.

"No, no," Jack shook his head. "That would be a fine bargain for you; but it is not beans, but good silver money, that I want for my cow."

Jack and the Beanstalk

"But wait till you see the beans," said the old man; and he drew out a handful of them from his pocket. When Jack saw them his eyes sparkled, because he had never seen beans like these before. They were of all colours, red, green, blue, purple and yellow, and they shone as though they had been polished. But still Jack shook his head. It was silver pieces his mother wanted, not beans.

"Then I will tell you something else about these beans," said the man. "This is such a bargain as you will never find again; for these are magic beans. If you plant them, they will grow right up to the sky in a single night, and you can climb up there and look around you if you like."

When Jack heard that he changed his mind, because he thought beans like that were worth more than a cow. He put Buttercup's rope in the old man's hand, and took the beans and tied them up in his handkerchief and ran off home with them.

C.3.03

His mother was surprised to see him back from market so soon.

"Well, have you sold Buttercup?" she asked.

Yes, Jack had sold her.

"And what price did you get for her?"

Oh, he got a good price.

"But how much? How much? Twenty five coins? Or twenty? Or even ten?"

Oh, Jack had done better than that. He had sold her to an old man down there at the turn of the road for a whole handful of magic beans; and then Jack quickly untied his handkerchief and showed the beans to his mother.

Jack and the Beanstalk

But when the widow heard he had sold the cow for beans she was ready to cry she was so angry. She did not care how pretty they were, and as to their being magic beans, she knew better than to believe that. She gave Jack such a hit on his ears that his head rang with it, and she sent him up to bed without his supper, and she threw the beans out of the window.

The next morning when Jack awoke, he did not know what had happened. All of the room was dim, shady and green, and there was no sky to be seen from the window - only greenness.

C.3.04

He slipped out of his bed and looked out, and then he saw that one of the magic beans had taken root in the night and grown and grown, until it had grown right up to the sky. Jack leaned out of the window and looked up, but he could not see the top of the vine. The beanstalk was strong enough to bear him, so he stepped out onto it and began to climb.

He climbed and he climbed, until he was high above the roof top, and high above the trees. He climbed till he could hardly see the garden down below, and the birds wheeled around him and the wind swayed the beanstalk. He climbed so high that after a while he came to the sky country, and it was not blue and hollow as it looks to us down here below. It was a land of flat green meadows and trees and streams, and Jack saw a road in front of him that led straight across the meadows to a great tall grey castle.

C.3.05

Jack put his feet on the road and began to walk toward the castle.

He had not gone far when he met a lovely lady. She was a fairy, though Jack did not know it.

Jack and the Beanstalk

"Where are you going, Jack?" she asked.

"I'm going to the castle over there to have a look at it," said Jack.

"That is good," said the lady, "only you must be careful what you do there, because that castle belongs to a very fierce, rich and terrible giant: and I will tell you something else: all the riches he has; used to belong to your father; the giant stole them from him, so if you take anything away with you it will be a right and fair thing to do."

Jack thanked her for what she told him, and then he went on, putting one foot in front of the other.

After a while he came to the castle, and there was a woman sweeping the steps. She was the giant's wife.

When she saw Jack she looked frightened. "What do you want here?" she cried. "Be off with you before my husband comes home, for if he finds you here, it will be the worse for you, I can tell you."

C.3.06

"Yes, yes, I know"; said Jack, "but I've had no breakfast, and I'm fit to drop I'm so hungry. Just give me a bite to stop my stomach rumbling and I'll be off."

The giant's wife did not want to do that at all, but Jack begged and coaxed until at last she let him come into the house and got out a bit of bread and cheese for him.

Jack had hardly started when there was a great noise and stamping outside.

"Oh, mercy!" cried the giant's wife, and she turned quite pale.

"That's my husband coming in, and if he sees you here he'll swallow you down in an instant, and give me a beating into the bargain."

Jack and the Beanstalk

When Jack heard that he did not like it at all. "Please can you hide me somewhere?" he asked.

"Here, get into this copper pot," cried the woman, taking off the lid. She helped Jack into the pot and put the lid over him, and she had only just done it when the giant came stamping into the room.

"Fee, fi, fo, fum! I smell the blood of a stranger man!" he roared. "Be he alive or be he dead, I'll grind his bones to make my bread."

C.3.07

"What nonsense!" said his wife. "If anyone had come here don't you think I would have seen him? A crow must have flown over the roof and dropped a bone down the chimney, and that is what you can smell."

When she said that the giant believed her. He sat down at the table and called for breakfast. The woman set in front of him three whole roasted oxen and two loaves of bread each as big as a barrel, and the giant ate them up in an instant.

"Now, wife, bring me my bag of money from the treasure room," he said.

His wife went out through a great door studded with nails, and when she came back she brought two bags with her and set them on the table in front of the giant. The giant untied the strings and opened them, and they were full of clinking golden money. The giant sat there and counted and counted the money. After it was all counted, he put it back in the bags again, and then he stretched his legs out in front of him and went to sleep and snored until the rafters shook.

Jack and the Beanstalk

C.3.08

The giant's wife worked for a while and then she went into another room. Jack waited until he was sure she had gone, and then he pushed the lid of the pot aside and crept out. He crept over to the table and seized hold of the bags of money and ran off with them, and neither the giant nor his wife knew anything about it until Jack was safe down the beanstalk and home again.

When Jack's mother saw the money in the bags, she was filled with wonder and joy. "Those were once your father's," she said, "but they were stolen from him, and I didn't think I would ever see them again."

After that Jack and his mother lived well, they had plenty to eat and drink, and good clothes to wear, and everything they wanted. And they were not stingy; they shared their good luck with their neighbours as well.

After a while the money was almost gone. "I'll just climb up the beanstalk again," said Jack to himself, "and see what else the giant has in his castle."

C.3.09

He climbed and he climbed and he climbed, and after a while he came to the giant's country, and there in front of him lay the road to the castle. Jack walked along briskly, putting one foot in front of the other till he came to the castle door. He couldn't see anybody, so he opened the door and stepped inside.

There was the giant's wife scouring the pots and pans, and when she saw Jack she almost dropped the ladle she was holding.

"You here again?"

"Yes, here I am again," said Jack.

Jack and the Beanstalk

"Then I wish you were some place else," said the giant's wife; "when you were here before, our money bags were stolen, and I can't help thinking you had something to do with it."

"Oh, oh! How can you think that?" cried Jack.

"Well, be off with you, anyway"; and the giant's wife spoke quite glumly. "I want no more strange lads around here."

Yes, Jack would be off in a moment, but wouldn't she give him a bite of breakfast first?

No, the giant's wife wouldn't, and that was flat.

C.3.10

But Jack was not to be turned away so easily; he talked and begged and argued, and while he was still talking they heard the giant at the door.

The giant's wife was terribly scared, "Oh, if he finds you here I will get such a beating!" she cried.

"Quick; into the pot again!"

Jack crawled into the copper pot and the giant's wife put the lid over him.

The next moment the giant stamped into the room.

"Fee, fi, fo, fum," he bawled, "I smell the blood of a stranger man; be he alive or be he dead, I'll grind his bones to make my bread!"

"Nonsense," said his wife, "you're always fancying things. Here, sit down at the table and eat your breakfast. A crow flew over the roof and dropped a bone in the fire, and that is what you smell."

Jack and the Beanstalk

The giant sniffed around a bit, and then, still muttering to himself, he sat down at the table and began to eat. After he had finished, he cried, "Now wife, bring me my little red hen from the treasure room."

C.3.11

His wife went into the treasure room, and soon she came back with a little red hen in her apron. She set it on the table in front of the giant. The giant grinned till he showed all his teeth.

"My little red hen, my pretty red hen, lay," said the giant.

As soon as he said that the hen laid an egg made of pure gold.

"My little red hen, my pretty red hen, lay!" said the giant. Then the little red hen laid another egg.

"My little red hen, my pretty red hen, lay," said the giant. Then the hen laid a third egg.

"There!" said the giant, "that is enough for to-day. Now, wife, you can take her back to the treasure room again."

His wife took up the hen and carried her off to the treasure room, but when she came back into the kitchen, she forgot to shut the treasure room door behind her.

Then the giant stretched his legs out in front of him and went to sleep and snored till the rafters shook.

C.3.12

His wife worked away in the kitchen, and after a while, when she wasn't looking, Jack crept out of the pot. He crept over to the door of the treasure room and slipped through, and there was the little red hen sitting comfortably on a golden nest.

Jack and the Beanstalk

Jack took her up under his arm and she never made a sound. Then he crept back through the kitchen and out through the door, and went off down the road, and the giant's wife never saw him at all.

But just as Jack reached the beanstalk the hen began to cackle. This woke the giant.

"Wife, wife," he roared, "someone is stealing my little red hen," and he ran out of the castle and looked all around him; but he could see no one, because Jack was already half-way down the beanstalk.

After that Jack and his mother never had any lack of anything, for whenever they needed money he only had to say, "My little red hen, my pretty red hen, lay," and the hen would lay a gold egg.

C.3.13

Still Jack was not satisfied. He wanted to see what else was in the giant's castle. So, one day, without saying a word to his mother, he climbed the beanstalk and hurried along the road to the giant's castle. He did not want to meet the giant's wife, for he thought maybe she had guessed that it was him who had taken the giant's hen, and the money bags, and so indeed she had, and what was more she had told the giant all about it, too.

Jack crept up to the castle very carefully, and he saw no one. He opened the castle door a crack and peeped in, and still he saw no one. He pushed it open a little wider and then he ran in and across the kitchen and hid himself in the great oven.

He had only just done this when the giant's wife came in.

"Phew!" she said. "What a draft!" and she closed the outside door.

Then she set the giant's breakfast on the table, still talking to herself.

Jack and the Beanstalk

"The door must have blown open," said she. "I'm sure I closed it when I went out."

C.3.14

Soon, the giant came thumping and stomping into the house. The moment he entered the room he began to bawl:

"Fee, fi, fo, fum!

I smell the blood of a stranger man;

Be he alive or be he dead,

I'll grind his bones to make my bread."

"What? What?" cried his wife, "I found the door open just now. Do you suppose that thieving boy is in the house again?"

"If he is, I'll soon put an end to him," said the giant.

The giant's wife ran to the copper pot and lifted the lid, and looked inside it, but there was nobody there. Then she and the giant began to hunt around. They looked in the cupboards and behind the doors, and everywhere, but they never thought of looking in the oven.

"He can't be here after all," said the wife, "or we would have found him. It must be something else you smelled."

So the giant sat down and began to eat his breakfast, but as he ate he mumbled and grumbled to himself. After he had finished, he said,

"Wife, bring out my golden harp to sing for me."

Jack and the Beanstalk

C.3.15

His wife went into the treasure room and came back carrying a golden harp. She put it on the table in front of the giant and at once it began to make music, and the music was so beautiful that it melted the heart to hear it. The giant's wife sat down to listen, too, and presently the music put them both to sleep. Then Jack crept out of the oven and seized the harp and ran off with it.

At once the harp began to shout, "Master! Master! Help! Someone is running off with me!"

The giant started out of sleep and looked around him. When he discovered the harp was gone he gave a roar like an angry bull. He ran to the door and there was Jack already more than halfway down the road.

"Stop! Stop!" cried the giant, but Jack had no plans to stop. He ran until he reached the beanstalk, and then he began climbing down it as fast as he could, still carrying the harp.

C.3.16

The giant followed and when he came to the beanstalk he looked down, and there was Jack far, far below him. The giant was not used to climbing. He did not know whether to follow or not. Then the harp cried again,

"Help, master, help!" The giant didn't hesitate any longer. He caught hold of the beanstalk and began to climb down. By this time Jack had reached the ground.

"Quick! Quick, mother!" he cried. "Bring me an axe."

His mother came running with the axe. She did not know what he wanted it for, but she could see he was in a hurry.

Jack and the Beanstalk

Jack seized the axe and began to chop the beanstalk. The giant above felt the stalk tremble.

"Wait! Wait!" he cried, "I want to talk to you!"

But before he could say anything more the beanstalk was chopped through and fell with a mighty crash, and the giant fell with it, and that was the end of him.

But Jack and his mother lived in peace and plenty forever after.

D
Notas finales

D.1 Construyendo un núcleo de inglés

Jack and the Bean Stalk sólo tiene tres niveles. Te sugiero que leas el nivel C.3 dos o tres veces para que te familiarices con el vocabulario, pero no lo estudies en detalle.

Una vez que puedas leer y entender el nivel C.3 de *Jack and the Bean Stalk* razonablemente bien, habrás llegado al punto en el que podrás dominar estas historias y sobresalir en un inglés básico sólido.

Cuando puedas leer y comprender el nivel C.3 de *Jack and the Bean Stalk* razonablemente bien, regresa al nivel C.9 de *Goldilocks...* y léela nuevamente de principio a fin (C.9.01 a C.9.06). Deberías percibir que ahora se te hace mucho más fácil de leer que la última vez que lo hiciste, cuatro libros atrás.

Cuando hayas leído el nivel C.9 de *Goldilocks...*, lee el nivel C.7 de *The Three Little Pigs*.

Luego lee el nivel C.5 de *Little Red Riding Hood*.

Después, lee el nivel C.4 de *Beauty and the Beast*.

Y, por último, lee nuevamente el nivel C.3 de *Jack and the Bean Stalk*.

Ahora continúa leyendo en orden los últimos niveles completos de inglés de todos los libros, deberías percibir que cada vez se vuelve más fácil entender todos los libros.

Jack and the Beanstalk

Si hay cosas que todavía no entiendes, puedes comparar con las versiones en castellano, buscar palabras en un diccionario adecuado, hacer una búsqueda en línea o consultar un libro de gramática.

Continúa releyendo los libros en orden. Cuando te resulte muy fácil leer uno de estos libros en inglés, deja de leer ese y sigue leyendo el resto en orden.

Continúa haciendo esto hasta que te sea fácil leer todos los libros. En este punto, deberás tener una muy buena gramática básica en inglés y un buen conocimiento del vocabulario básico en inglés. Desde el punto de vista de la lectura, habrás alcanzado un nivel del MCER/CEFR cercano al B1. Obviamente, esto probablemente no sea cierto para tu inglés hablado o escrito.

(MCER - Marco Común Europeo de Referencia / CEFR - Common European Framework of Reference for Languages).

D.2 Lecturas adicionales

En este punto, puedes saltar a algunos libros adecuados en inglés.

He incluido una variedad de estos a continuación, tienen vocabularios relativamente sencillos escritos por buenos escritores que deliberadamente evitan la gramática compleja. He tratado de poner los libros en orden de dificultad, y de elegir libros para adultos, en su mayoría, interesantes y bien escritos.

Casi todos los libros a continuación están disponibles en traducciones económicas al castellano, y casi todos tienen versiones de audiolibros en inglés.

Puedes intentar leerlos en orden, o puede que prefieras saltar directamente a algo que te interese.

Si ya leíste uno de los libros a continuación en castellano y lo disfrutaste, te sugiero que vayas directamente a ese libro.

Con todos estos libros, te recomiendo enfáticamente que no intentes leer el libro completo en el primer intento. Incluso los libros para niños de esta lista incluirán muchas palabras nuevas, y será mucho más fácil para ti continuar haciendo algunas repeticiones.

Te recomiendo que, con cada libro, comiences con un solo capítulo. Si no has leído antes ese libro, lee el capítulo en castellano, si puedes.

Luego, lee el mismo capítulo en inglés. La primera vez probablemente será un poco difícil, no te preocupes, no lo estudies, sólo léelo.

Ahora, lee de nuevo el mismo capítulo en inglés y, a continuación, léelo de nuevo. Después de dos o tres lecturas, deberías percibir que se vuelve más fácil, a medida que aprendes todo el vocabulario nuevo. Continúa releyéndolo hasta que te sea fácil hacerlo.

Ahora, vuelve al principio y lee el libro de principio a fin. Debes tener suficiente vocabulario para continuar leyendo por placer. Si encuentras algún capítulo difícil, vuelve a leerlo hasta que se torne fácil.

D.2.1 Libros para niños

Sólo he incluido algunos libros para niños, porque para la mayoría de los adultos y adolescentes estos libros pueden resultar una lectura muy aburrida. Las siguientes son excepciones:

Hans Christian Andersen - Cualquier colección de historias

Si deseas continuar con los cuentos de hadas, prueba con una colección de cuentos de Hans Christian Andersen. Estos son más complejos y más interesantes que la mayoría de los cuentos infantiles. Comienza con *The Little Mermaid* y léelo hasta que te resulte fácil, luego continúa con otros.

Roald Dahl – *Fantastic Mr. Fox, Charlie and the Chocolate Factory*, y muchos más.

Roald Dahl escribió algunas historias para niños. A la mayoría de los pequeños les gustan y a muchos adultos también, aunque algunos adultos las odian. La gramática y el vocabulario son simples, pero las historias son divertidas. *Fantastic Mr. Fox* es corto, y *Charlie and the Chocolate Factory* es un clásico. Él escribió muchos otros libros y todos son excelentes. Comienza con los capítulos dos y tres de *Fantastic Mr. Fox*.

EB White - *Charlotte's Web*

Charlotte's Web es un libro para niños, pero trata temas de adultos y tiene una profundidad emocional que rara vez se encuentra en un libro para niños. Comienza con el capítulo III: «*Escape*», que es una aventura independiente.

Si puedes leer y disfrutar los libros anteriores, definitivamente has alcanzado el nivel de lectura B1 del MCER.

D.2.2 Libros cruzados

Si no deseas leer libros para niños, los siguientes son obras para niños que los adultos disfrutan ampliamente, o libros para adultos que son escritos al estilo del de los niños.

The Good News Bible

The Good News Bible es una versión de la Biblia escrita deliberadamente en un inglés sencillo y directo, está diseñado para adultos y niños. El inglés es más fácil que el de *Harry Potter* o *Animal Farm*, pero no tan emocionantes. La Biblia no es para todo el mundo; sin embargo, tiene la ventaja de introducir vocabulario nuevo para adultos de una manera sencilla.

The Good News Bible se puede descargar de Internet de forma gratuita.

Jack and the Beanstalk

Te recomiendo comenzar con la historia de la pasión del Evangelio de Marcos, Marcos 14-16. Marcos es el más corto y simple de los cuatro Evangelios. La pasión es una narración corta y fuerte.

Continúa releyendo Marcos 14-16 hasta que te resulte fácil.

Luego, lee Marcos desde el principio hasta el final, y sigue releyéndolo hasta que lo encuentres fácil de leer.

Después, lee los Evangelios de Mateo y de Lucas, ambos son similares a los de Marcos, pero ampliados con más detalles. Lucas tiene más material nuevo que Mateo, así que, lee primero a Mateo y luego a Lucas. Finalmente, lee el Evangelio de Juan que narra la vida de Jesús en una historia muy diferente a la de Marcos, Mateo y Lucas.

Después de leer los cuatro Evangelios, te recomiendo leer las historias narrativas desde el comienzo del Antiguo Testamento.

Comienza con todo el Génesis, que va desde la creación y Adán y Eva hasta José y la migración de los israelitas a Egipto.

Éxodo trata de la huida de Egipto y el regreso a Israel. Para la narración lee Éxodo 1-20. Luego, la historia continúa con Josué 1-13, todo Jueces, todos los dos Libros de Samuel y los dos Libros de Reyes.

Los siguientes libros son todos breves, autónomos y muy diferentes entre sí: Rut, Jonás, Cantar de los cantares, Job y Eclesiastés. Estos se pueden leer por separado a la narrativa anterior en cualquier momento que desees.

Sandra Cisneros - *The House on Mango Street*

The House on Mango Street es un libro para adultos, pero está escrito con la voz de una niña, por lo que la gramática y el vocabulario son más fáciles. Comienza con el grupo de seis capítulos muy cortos «*Our Good Day*» hasta «*Marin*».

Jack and the Beanstalk

Benjamin Zephaniah - *Refugee Boy*

Refugee Boy es un libro para adultos jóvenes, pero trata temas serios, además, es una buena introducción a la cultura británica moderna. Comienza con el capítulo siete, el cual es independiente.

J. K.- Rowling - *Harry Potter and the Philosopher's Stone*, etc.

Los libros de *Harry Potter* son excelentes para los estudiantes de inglés. Aunque son libros para niños, tienen mucho humor y son muy leídos y disfrutados por los adultos. Tienen un vocabulario más sencillo que el de un libro para adultos e incluyen muchos diálogos en inglés moderno.

Algunos de los primeros capítulos de *The Philosopher's Stone* son un poco aburridos. Te recomiendo comenzar con el capítulo cuatro «*The Keeper of the Keys*» cuando Hagrid se une a la historia, o con el capítulo diez «*Halloween*» cuando Hermione se vuelve amiga de Harry y Ron.

Si te gusta *The Philosopher's Stone*, puedes continuar con el resto de los libros. La serie de *Harry Potter* también tiene excelentes versiones en audiolibros narrados por Stephen Fry, y estos son muy buenos para acostumbrarse al inglés hablado.

George Orwell - *Animal Farm*

Animal Farm es una alegoría política escrita por George Orwell. Aunque es un libro para adultos, está escrito al estilo de un libro para niños, por lo que tiene una gramática y un vocabulario más simples. Además, tiene mucho humor irónico. Comienza con el capítulo cuatro.

J. R. R. Tolkien - *The Hobbit*

Algunas personas aman el mundo de fantasía de J. R. R. Tolkien, pero otras lo odian.

The Hobbit es una aventura divertida, comienza con el capítulo uno «*An Unexpected Party*».

Lewis Carroll - *Alice in Wonderland*

Alice in Wonderland es una historia surrealista, muy divertida y una buena introducción a la idiosincrasia de la cultura inglesa. En teoría es un libro para niños, pero está lleno de humor para adultos, y parte de la gramática es más complicada que la de algunos de los libros del siguiente nivel.

Comienza con el capítulo cinco «*Advice from a Caterpillar*», pero sólo lee la primera mitad; hasta donde sale la oruga, ignora también el poema (*You are old Father William*) que hay en el medio de esta sección.

Después de eso, lee todo el capítulo siete «*A Mad Tea Party*».

Luego lee todo el libro y, si te gusta, lee «*Alice through the Looking Glass*».

D.2.3 Literatura para adultos

Ernest Hemingway – *The Old Man and the Sea, A Farewell to Arms, For Whom the Bell Tolls*, etc.

Ernest Hemingway fue uno de los genios de la escritura en inglés, parte de su ingenio fue escribir historias sólidas y profundas con un vocabulario y una gramática engañosamente simples.

The Old Man and the Sea es una novela corta y una muy buena forma de comenzar. No tiene capítulos, así que, lee una docena de páginas más o menos, si todavía se te hace difícil reléelo desde el principio.

Si te gusta *The Old Man and the Sea*, *A Farewell to Arms* es posiblemente tu mejor libro, o prueba con *For Whom the Bell Tolls*, ambientado en la guerra civil española.

John Steinbeck – *Of Mice and Men, Cannery Row, The Grapes of Wrath*, etc.

Si bien no estaba en la misma liga que Hemingway, Steinbeck fue otro autor estadounidense que tenía el don de escribir novelas muy sólidas en un inglés simple y efectivo.

Of Mice and Men es una muy buena novela corta. Esta tampoco tiene capítulos, así que, lee una docena de páginas más o menos, si todavía se te hace difícil reléelo desde el principio.

Cannery Row es otra novela corta, divertida y conmovedora. *The Grapes of Wrath* es posiblemente la mejor novela de Steinbeck.

Stephen King - *Rita Hayworth and the Shawshank Redemption* y muchos otros.

Stephen King escribe apasionantes libros de suspenso con un estilo narrativo muy sencillo. *Rita Hayworth and the Shawshank Redemption* es un libro corto y raro. No tiene capítulos, así que, lee la primera sección hasta el receso, alrededor de la página quince.

Si te gusta *Shawshank Redemption*, hay muchos otros con los que puedes probar, en su mayoría mucho más largos.

Nick Hornby – *High Fidelity, About a Boy*

Nick Hornby escribe libros muy divertidos sobre la Inglaterra contemporánea con un estilo sencillo, pero divertido. La primera sección de *High Fidelity*, «*Then*», se puede volver a leer y seguir siendo divertida cuando la vuelves a leer.

Somerset Maugham, Roald Dahl, Penelope Lively – Muchas historias cortas

Roald Dahl, el mismo autor de *Charlie and the Chocolate Factory*, escribió muchos otros buenos cuentos para adultos. Penélope Lively también ha escrito muchos cuentos excelentes. Somerset Maugham es posiblemente el mejor escritor de cuentos en inglés de todos los tiempos. Estos tres autores escriben en muy buen y claro inglés.

Compra una antología de cualquiera de los cuentos de estos autores y elige una historia al azar. Léelo y si te gusta, vuelve a leerlo hasta que lo entiendas bien. Si no te gusta, entonces elige uno diferente.

Si puedes leer y disfrutar los libros anteriores, has alcanzado el nivel de lectura B2 del MCER.

D.2.4 Más lecturas adicionales

Si has leído y disfrutado de algunos de los escritores anteriores, estás listo para abordar novelas en un inglés estándar. Hay miles para elegir. Si tienes libros favoritos que has leído en castellano, entonces intenta leerlos en inglés, te será mucho más fácil si ya conoces la historia.

A continuación, te presento algunos otros que puedes probar en los que el inglés sigue siendo un poco más fácil que el de la mayoría de las novelas en inglés. Si lees y disfrutas alguno de los libros a continuación, has dominado el inglés.

George Orwell – *1984, Homage to Catalonia*

George Orwell defendió el inglés claro y bien escrito. *Homage to Catalonia* es un relato autobiográfico de su etapa como soldado en la guerra civil española. La novela *1984* es su gran obra, un libro serio que es una denuncia del totalitarismo y también una historia de amor.

Charles Dickens – *The Railway Man, A Christmas Carol, Great Expectations, Oliver Twist*, etc.

Charles Dickens fue un escritor de la era victoriana, pero puede ser sorprendentemente moderno en su escritura. *The Railway Man* es un cuento excelente y puedes descargarlo de Internet. Si te gusta *The Railway Man*, prueba leer la novela *A Christmas Carol*, y si esta te gusta, puedes leer también *Great Expectations* u *Oliver Twist*.

Jane Austen - *Pride and Prejudice* y muchas otras.

Jane Austen más o menos inventó la novela romántica. Escribió cien años antes que Charles Dickens, así que, hay mucho vocabulario nuevo; sin embargo, su escritura era muy clara y muy divertida. *Pride and Prejudice* es su mejor libro.

Si puedes leer y disfrutar los libros anteriores, habrás alcanzado el nivel de lectura C1 del MCER y te estarás acercando al C2.

D.2.5 Inglés inmersivo acelerado

Si deseas aprender a leer y también comprender el inglés hablado lo más rápido posible, hay una ruta posible utilizando una selección de los libros anteriores.

En primer lugar, lee estos cinco libros de cuentos de hadas hasta que los encuentres fáciles de leer.

Luego, compra los siguientes libros en inglés y tambien en castellano, y además compra los audiolibros en inglés:

Charlotte's Web / La telaraña de Carlota.

Harry Potter and the Philosopher's Stone / Harry Potter y la piedra filosofal.

A Farewell to Arms / Adiós a las armas.

Pride and Prejudice / Orgullo y prejuicio.

Comienza leyendo *La telaraña de Carlota*, luego continúa con *Charlotte's Web* y sigue releyéndolo hasta que te sea fácil de entender. Al mismo tiempo, cuando viajes en autobús o conduzcas tu auto, escucha la versión en audio de *Charlotte's Web* y continúa escuchándola hasta que sea fácil entender para ti.

Luego haz lo mismo con *Harry Potter, A Farewell to Arms* y *Pride and Prejudice*.

Jack and the Beanstalk

Si encuentras los libros más fáciles que los audiolibros, puedes pasar a leer *Harry Potter* mientras sigues escuchando *Charlotte's Web*. Si te resulta más fácil escuchar que leer, puedes empezar a escuchar Harry Potter mientras sigues leyendo *La telaraña de Carlota*.

Obviamente, si tienes tus propios libros favoritos en estos diferentes niveles, entonces úsalos en lugar de los libros anteriores.

F
Palabras - Ordenado por sección

C.1.01	afford	podria pagar, tiene dinero suficiente, esta al alcance
	buttercup	Ranúnculo
	drop	gota, se cae, deja caer
	else	otro, si no
	Jack	Jacobo - historicamente corto por "Jacob"
	neck	cuello
	stranger	mas extraño, desconocido, extranjero
C.1.02	beans	frijoles
	buttercup's	Buttercup-[su], Buttercup is/has - de Ranúnculo (posesivo), Ranúnculo es/está/había
	man's	man-[su], man is/has - del hombre (posesivo), hombre es/está/había
	plant	planta
	single	un solo, único, soltero
	these	estos, estas
C.1.03	awoke	despertado
	care	cuida
	untied	desatado
	widow	viuda
C.1.04	above	sobre, por encima de
	beanstalk	tallo de frijol
	below	debajo

Jack and the Beanstalk

	birds	aves
	wheeled	dado vueltas, ido a ruedas
C.1.05	belong	pertenece (a)
	belongs	pertenece (a)
	comes	viene
	finds	encuentra
	giant	gigante
	giant's	giant-[su], giant is/has - del gigante (posesivo), gigante es/está/había
	putting	poniendo
	riches	riqueza
	steps	pasos, escalónes, etapas
C.1.06	fee fi fo fum	fii fai fou fum - esta frase ingles solo existe en esta historia de ingles
	helped	ayudado
	I've	I have - yo hé, tengo
	sees	ve
	smell	huele
	somewhere	en algún lugar
	stamping	sellando, estampando, pisando fuerte
	that's	that is - eso es, está
C.1.07	bags	bolsas
	believed	creído
	dropped	dejado caer, se caído
	loaves	hogazas
	roasted	asado
C.1.08	aside	aparte, a un lado, fuera de
	hold	agarra
	Jack's	Jack-[su], Jack is/was - de Jacobo (posesivo) - Jacobo es/está/había
	neighbours	vecinos
	seized	agarrado
	worked	trabajado
C.1.09	anybody	cualquiera, cualquier persona, alguien
	anyway	de todas formas, como sea
	glumly	con tristeza

Jack and the Beanstalk

	holding	agarrando
	our	nuestro/a(s)
	pots	ollas
	thinking	pensando
	wouldn't	would not - no haría algo etc - "would" es un verbo auxiliar en inglés que indica el condicional. Funciona de la misma manera que "could" y "should" o los verbos españoles 'poder' y 'deber'. Sin embargo, el español usa el tiempo condicional para expresar el condicional. Por ejemplo "they could eat": 'ellos podrían comer', "they should eat": 'ellos deberían comer', "they would eat (if they were hungry)": 'ellos comerían (si tuvieran hambre)'.
C.1.10	**bawled**	llorada a gritos
	stamped	sellado, estampado, pisado fuerte
	talked	hablado
	talking	hablando
C.1.11	**carried**	llevado, transportado
	egg	huevo
C.1.12	**say**	dice
	someone	alguien
C.1.13	**blown**	revuelto, soplado
	hid	escondido
	hurried	apresurado
	meet	se encuentra con
	phew	uf
	wider	más amplio
C.1.14	**bawl**	llora a gritos
	doors	puertas
	everywhere	en todas partes
C.1.15	**climbing**	trepando, subiendo, ascendiendo
	halfway	a medio camino
C.1.16	**follow**	sigue
	stalk	tallo
C.2.01	**cow**	vaca
	dry	seco
	politely	cortésmente

Jack and the Beanstalk

	sorry	lo siento, disculpa, perdón, lamentado apenado
	you'll	you will - La forma inglesa "will" es un tiempo futuro que se usa para cosas que están en un futuro más distante, o que son muy probables, pero no casi seguras. Este uso del futuro inglés normalmente se traduce al castellano por el tiempo futuro de indicativo. "he will get that job": 'conseguirá ese trabajo', "if she eats that she will be ill": 'si come, que se enfermará'. La auxiliar "will" también puede indicar deseo, preferencia, consentimiento, elección, capacidad, determinación o insistencia. Comúnmente se contrae "will" a "-'ll". The negative contraction of "will not" is irregular "won't".
C.2.02	**handkerchief**	pañuelo
	mind	mente, cuida
	polished	pulido
	shone	brillado
	sparkled	brillado
	worth	vale, valor
C.2.03	**dim**	tenue, lerdo
	greenness	verdor
	hit	pega, pegado, golpe
	rang	sonado
	turn	gira
C.2.04	**flat**	plano, llano, apartamento, de plano
	hollow	hueco
	land	tierra
	streams	arroyos, corrientes
	swayed	balanceado
	tall	alto
	vine	vid, planta trepadora, planta enredadera
C.2.05	**lovely**	encantador
	sweeping	barriendo
	worse	peor
C.2.06	**coaxed**	convencido a
	fit	cabe, queda bien, en forma

Jack and the Beanstalk

	he'll	he will - la forma inglesa "will" es un tiempo futuro que se usa para cosas que están en un futuro más distante, o que son muy probables, pero no casi seguras. Este uso del futuro inglés normalmente se traduce al castellano por el tiempo futuro de indicativo. "he will get that job": 'conseguirá ese trabajo', "if she eats that she will be ill": 'si come, que se enfermará'. La auxiliar "will" también puede indicar deseo, preferencia, consentimiento, elección, capacidad, determinación o insistencia. Comúnmente se contrae "will" a "-'ll". The negative contraction of "will not" is irregular "won't".
	mercy	misericordia, merced
	rumbling	estruendo
	stomach	estómago
C.2.07	**clinking**	tintineando
	flown	volado
	nails	clavos, uñas
	oxen	bueyes
	strings	cuerdas
	studded	tachonado
C.2.08	**luck**	suerte
	nor	ni
	shared	compartido
	stingy	tacaño
	wear	desgaste, pone (ropa), veste (ropa), usa (ropa)
C.2.09	**briskly**	enérgicamente, rapidamente, bruscamente
	ladle	cucharón
	lads	muchachos
C.2.10	**argued**	discutido, argumentado
	fancying	fantaseando, gustando (encontrando atractivo), teniendo ganas
	flew	volado
	muttering	mascullando, murmullando
	quick	rápido
	sniffed	olfateado
	terribly	terriblemente
	you're	you are - tu es, estás, vosotros sois, estáis

Jack and the Beanstalk

C.2.11	grinned	sonreído (mostrando dientes)
C.2.12	cackle	carcajada, grazna
	comfortably	cómodamente
	lack	falta
	stealing	robando
	wasn't	was not - no fui, fue, estuve, estuvo
C.2.13	guessed	adivinado
	maybe	quizás
	peeped	espiado
	saying	diciendo
	word	palabra
C.2.14	boy	chico
	cupboards	armarios
	entered	entrado
	grumbled	se quejado, refunfuñado
	hunt	caza
	mumbled	mascullado, murmullado
	sing	canta
	suppose	supone
	thieving	robando
	thumping	punzante
C.2.15	both	ambos, los dos
	bull	toro
	plans	planes
	presently	ahora, en breve
C.2.16	crash	choque
C.3.01	beard	barba
	hut	cabaña
	market	mercado
	milk	leche
	name	nombre
	named	llamado
	price	precio
	rope	soga, cuerda
	sell	vende

Jack and the Beanstalk

	sold	vendido
C.3.02	**bargain**	negocio, trato, ganga
	colours	colores
	grow	crece
	magic	magia, mágico
	money	dinero
	pocket	bolsillo
	purple	púrpura
	shook	sacudido, agitado
C.3.03	**showed**	mostrado
	ten	diez
	twenty	veinte
C.3.04	**country**	país, campo
	grown	crecido
	hardly	apenas
	leaned	inclinado
	root	raíz
C.3.05	**fierce**	feroz
	husband	esposo
	lady	dama
	stole	robado, estola
	woman	mujer
C.3.06	**beating**	golpeando, paliza
	bite	muerde, bocado
	blood	sangre
	bones	huesos
	cheese	queso
	copper	cobre
	grind	tritura, pulveriza, rechina, muele
	instant	instante
	roared	rugido
C.3.07	**barrel**	barril
	bone	hueso
	counted	contado
	crow	cuervo

Jack and the Beanstalk

	legs	piernas
	nonsense	tonterías
	rafters	vigas
	snored	roncado
	treasure	tesoro
C.3.08	**stolen**	robado
C.3.09	**scouring**	fregando
C.3.10	**hen**	gallina
C.3.11	**apron**	delantal
	kitchen	cocina
	pure	puro
C.3.12	**already**	ya
	nest	nido
C.3.13	**draft**	corriente, borrador, boceto
	oven	horno
C.3.14	**harp**	arpa
	lifted	levantado
	stomping	pisando fuerte
C.3.15	**chop**	corta
	chopped	cortado
	roar	rugido, ruge
	shout	grita, grito
C.3.16	**hesitate**	duda, vacila
	mighty	poderoso

G
Palabras - Orden Alfabético

above	sobre, por encima de	C.1.04
afford	podria pagar, tiene dinero suficiente, esta al alcance	C.1.01
already	ya	C.3.12
anybody	cualquiera, cualquier persona, alguien	C.1.09
anyway	de todas formas, como sea	C.1.09
apron	delantal	C.3.11
argued	discutido, argumentado	C.2.10
aside	aparte, a un lado, fuera de	C.1.08
awoke	despertado	C.1.03
bags	bolsas	C.1.07
bargain	negocio, trato, ganga	C.3.02
barrel	barril	C.3.07
bawl	llora a gritos	C.1.14
bawled	llorada a gritos	C.1.10
beans	frijoles	C.1.02
beanstalk	tallo de frijol	C.1.04
beard	barba	C.3.01
beating	golpeando, paliza	C.3.06
believed	creído	C.1.07
belong	pertenece (a)	C.1.05
belongs	pertenece (a)	C.1.05

Jack and the Beanstalk

below	debajo	C.1.04
birds	aves	C.1.04
bite	muerde, bocado	C.3.06
blood	sangre	C.3.06
blown	revuelto, soplado	C.1.13
bone	hueso	C.3.07
bones	huesos	C.3.06
both	ambos, los dos	C.2.15
boy	chico	C.2.14
briskly	enérgicamente, rapidamente, bruscamente	C.2.09
bull	toro	C.2.15
buttercup	Ranúnculo	C.1.01
buttercup's	Buttercup-[su], Buttercup is/has - de Ranúnculo (posesivo), Ranúnculo es/está/había	C.1.02
cackle	carcajada, grazna	C.2.12
care	cuida	C.1.03
carried	llevado, transportado	C.1.11
cheese	queso	C.3.06
chop	corta	C.3.15
chopped	cortado	C.3.15
climbing	trepando, subiendo, ascendiendo	C.1.15
clinking	tintineando	C.2.07
coaxed	convencido a	C.2.06
colours	colores	C.3.02
comes	viene	C.1.05
comfortably	cómodamente	C.2.12
copper	cobre	C.3.06
counted	contado	C.3.07
country	país, campo	C.3.04
cow	vaca	C.2.01
crash	choque	C.2.16
crow	cuervo	C.3.07
cupboards	armarios	C.2.14
dim	tenue, lerdo	C.2.03
doors	puertas	C.1.14
draft	corriente, borrador, boceto	C.3.13

Jack and the Beanstalk

drop	gota, se cae, deja caer	C.1.01
dropped	dejado caer, se caído	C.1.07
dry	seco	C.2.01
egg	huevo	C.1.11
else	otro, si no	C.1.01
entered	entrado	C.2.14
everywhere	en todas partes	C.1.14
fancying	fantaseando, gustando (encontrando atractivo), teniendo ganas	C.2.10
fee fi fo fum	fii fai fou fum - esta frase ingles solo existe en esta historia de ingles	C.1.06
fierce	feroz	C.3.05
finds	encuentra	C.1.05
fit	cabe, queda bien, en forma	C.2.06
flat	plano, llano, apartamento, de plano	C.2.04
flew	volado	C.2.10
flown	volado	C.2.07
follow	sigue	C.1.16
giant	gigante	C.1.05
giant's	giant-[su], giant is/has - del gigante (posesivo), gigante es/está/había	C.1.05
glumly	con tristeza	C.1.09
greenness	verdor	C.2.03
grind	tritura, pulveriza, rechina, muele	C.3.06
grinned	sonreído (mostrando dientes)	C.2.11
grow	crece	C.3.02
grown	crecido	C.3.04
grumbled	se quejado, refunfuñado	C.2.14
guessed	adivinado	C.2.13
halfway	a medio camino	C.1.15
handkerchief	pañuelo	C.2.02
hardly	apenas	C.3.04
harp	arpa	C.3.14

Jack and the Beanstalk

he'll	he will - la forma inglesa "will" es un tiempo futuro que se usa para cosas que están en un futuro más distante, o que son muy probables, pero no casi seguras. Este uso del futuro inglés normalmente se traduce al castellano por el tiempo futuro de indicativo. "he will get that job": 'conseguirá ese trabajo', "if she eats that she will be ill": 'si come, que se enfermará'. La auxiliar "will" también puede indicar deseo, preferencia, consentimiento, elección, capacidad, determinación o insistencia. Comúnmente se contrae "will" a "-'ll". The negative contraction of "will not" is irregular "won't".	C.2.06
helped	ayudado	C.1.06
hen	gallina	C.3.10
hesitate	duda, vacila	C.3.16
hid	escondido	C.1.13
hit	pega, pegado, golpe	C.2.03
hold	agarra	C.1.08
holding	agarrando	C.1.09
hollow	hueco	C.2.04
hunt	caza	C.2.14
hurried	apresurado	C.1.13
husband	esposo	C.3.05
hut	cabaña	C.3.01
I've	I have - yo hé, tengo	C.1.06
instant	instante	C.3.06
Jack	Jacobo - historicamente corto por "Jacob"	C.1.01
Jack's	Jack-[su], Jack is/was - de Jacobo (posesivo) - Jacobo es/está/había	C.1.08
kitchen	cocina	C.3.11
lack	falta	C.2.12
ladle	cucharón	C.2.09
lads	muchachos	C.2.09
lady	dama	C.3.05
land	tierra	C.2.04
leaned	inclinado	C.3.04
legs	piernas	C.3.07
lifted	levantado	C.3.14

Jack and the Beanstalk

loaves	hogazas	C.1.07
lovely	encantador	C.2.05
luck	suerte	C.2.08
magic	magia, mágico	C.3.02
man's	man-[su], man is/has - del hombre (posesivo), hombre es/está/había	C.1.02
market	mercado	C.3.01
maybe	quizás	C.2.13
meet	se encuentra con	C.1.13
mercy	misericordia, merced	C.2.06
mighty	poderoso	C.3.16
milk	leche	C.3.01
mind	mente, cuida	C.2.02
money	dinero	C.3.02
mumbled	mascullado, murmullado	C.2.14
muttering	mascullando, murmullando	C.2.10
nails	clavos, uñas	C.2.07
name	nombre	C.3.01
named	llamado	C.3.01
neck	cuello	C.1.01
neighbours	vecinos	C.1.08
nest	nido	C.3.12
nonsense	tonterías	C.3.07
nor	ni	C.2.08
our	nuestro/a(s)	C.1.09
oven	horno	C.3.13
oxen	bueyes	C.2.07
peeped	espiado	C.2.13
phew	uf	C.1.13
plans	planes	C.2.15
plant	planta	C.1.02
pocket	bolsillo	C.3.02
polished	pulido	C.2.02
politely	cortésmente	C.2.01
pots	ollas	C.1.09
presently	ahora, en breve	C.2.15

Jack and the Beanstalk

price	precio	C.3.01
pure	puro	C.3.11
purple	púrpura	C.3.02
putting	poniendo	C.1.05
quick	rápido	C.2.10
rafters	vigas	C.3.07
rang	sonado	C.2.03
riches	riqueza	C.1.05
roar	rugido, ruge	C.3.15
roared	rugido	C.3.06
roasted	asado	C.1.07
root	raíz	C.3.04
rope	soga, cuerda	C.3.01
rumbling	estruendo	C.2.06
say	dice	C.1.12
saying	diciendo	C.2.13
scouring	fregando	C.3.09
sees	ve	C.1.06
seized	agarrado	C.1.08
sell	vende	C.3.01
shared	compartido	C.2.08
shone	brillado	C.2.02
shook	sacudido, agitado	C.3.02
shout	grita, grito	C.3.15
showed	mostrado	C.3.03
sing	canta	C.2.14
single	un solo, único, soltero	C.1.02
smell	huele	C.1.06
sniffed	olfateado	C.2.10
snored	roncado	C.3.07
sold	vendido	C.3.01
someone	alguien	C.1.12
somewhere	en algún lugar	C.1.06
sorry	lo siento, disculpa, perdón, lamentado apenado	C.2.01
sparkled	brillado	C.2.02

Jack and the Beanstalk

stalk	tallo	C.1.16
stamped	sellado, estampado, pisado fuerte	C.1.10
stamping	sellando, estampando, pisado fuerte	C.1.06
stealing	robando	C.2.12
steps	pasos, escalónes, etapas	C.1.05
stingy	tacaño	C.2.08
stole	robado, estola	C.3.05
stolen	robado	C.3.08
stomach	estómago	C.2.06
stomping	pisando fuerte	C.3.14
stranger	mas extraño, desconocido, extranjero	C.1.01
streams	arroyos, corrientes	C.2.04
strings	cuerdas	C.2.07
studded	tachonado	C.2.07
suppose	supone	C.2.14
swayed	balanceado	C.2.04
sweeping	barriendo	C.2.05
talked	hablado	C.1.10
talking	hablando	C.1.10
tall	alto	C.2.04
ten	diez	C.3.03
terribly	terriblemente	C.2.10
that's	that is - eso es, está	C.1.06
these	estos, estas	C.1.02
thieving	robando	C.2.14
thinking	pensando	C.1.09
thumping	punzante	C.2.14
treasure	tesoro	C.3.07
turn	gira	C.2.03
twenty	veinte	C.3.03
untied	desatado	C.1.03
vine	vid, planta trepadora, planta enredadera	C.2.04
wasn't	was not - no fui, fue, estuve, estuvo	C.2.12
wear	desgaste, pone (ropa), veste (ropa), usa (ropa)	C.2.08
wheeled	dado vueltas, ido a ruedas	C.1.04

Jack and the Beanstalk

wider	más amplio	C.1.13
widow	viuda	C.1.03
woman	mujer	C.3.05
word	palabra	C.2.13
worked	trabajado	C.1.08
worse	peor	C.2.05
worth	vale, valor	C.2.02
wouldn't	would not - no haría algo etc - "would" es un verbo auxiliar en inglés que indica el condicional. Funciona de la misma manera que "could" y "should" o los verbos españoles 'poder' y 'deber'. Sin embargo, el español usa el tiempo condicional para expresar el condicional. Por ejemplo "they could eat": 'ellos podrían comer', "they should eat": 'ellos deberían comer', "they would eat (if they were hungry)": 'ellos comerían (si tuvieran hambre)'.	C.1.09
you'll	you will - La forma inglesa "will" es un tiempo futuro que se usa para cosas que están en un futuro más distante, o que son muy probables, pero no casi seguras. Este uso del futuro inglés normalmente se traduce al castellano por el tiempo futuro de indicativo. "he will get that job": 'conseguirá ese trabajo', "if she eats that she will be ill": 'si come, que se enfermará'. La auxiliar "will" también puede indicar deseo, preferencia, consentimiento, elección, capacidad, determinación o insistencia. Comúnmente se contrae "will" a "-'ll". The negative contraction of "will not" is irregular "won't".	C.2.01
you're	you are - tu es, estás, vosotros sois, estáis	C.2.10